O cacto não cresceu

O cacto não cresceu
Marcus Vinicius Santana Lima

© Moinhos, 2018.
© Marcus Vinicius Santana Lima, 2018.

Edição:
Camila Araujo
Nathan Matos

Assistente Editorial:
Sérgio Ricardo

Revisão:
LiteraturaBr Editorial

Diagramação e Projeto Gráfico:
LiteraturaBr Editorial

Capa:
Lily Oliveira

1ª edição, Belo Horizonte, 2018.

*Nesta edição, respeitou-se o novo
Acordo Ortográfico da Língua Portuguesa.*

L732o
Lima, Marcus Vinicius Santana | O cacto não cresceu
ISBN 978-85-92579-53-1
CDD 869.91
Índices para catálogo sistemático
1. Poesia 2. Poesia Brasileira I. Título

Belo Horizonte:
Editora Moinhos
2018 | 76 p. ; 21 cm

Todos os direitos desta edição reservados à
Editora Moinhos
editoramoinhos.com.br
contato@editoramoinhos.com.br
Belo Horizonte — MG

Sumário

A vontade da carne, 15
Capela, 16
Câmara de pó, 17
O Feto, 18
Tenra fruta da calma, 19
Bukkake no engenho, 20
Retrato aquarela, 21
Metrô, 22
Ramas, 23
A germinação, 24
Tudo vê, 25
Manifesto infantil do uso ou o terreiro da roça, 26
Cerração, 27
Felicidade, 28
Rosa, 29
Se calhar, 30
O signo da mácula, 31
Desvestir-se, 32
Voo, 33
Farás sempre quando certeza não tiveres, 34
A barra do dia, 35
Mantra que planto em casa, 36
Passagem, 37
O balanço da árvore, 38
Vaqueiro olha o rio, 39

Efeito, 40
O verbo na sombra, 41
A batalha, a pedra, a mágoa, 42
Inserto, 43
Poeta, 45
A trave, 47
Poema des-concreto, 49
Lá fora o sol, 50
Braçadas, 51
Ferrolho, 53
Assenhorear-se, 54
O significado da lira, 57
Gravador, 58
O mar, 60
Pedreira, 62
Carteiro, 63
A espera, 64
Patrimônio, 65
Poema do nome, 66
Jornal das Oito, 68
A Vociferação do Canário, 70
Maragogi, 73
Parapeito não recebe vento, 74
Casa Grande, 75

*A Hortência, por levantar esta porta comigo
e medicar meu cansaço.*

*A Francineide e Ivanildo,
por me banharem em cacimbas.*

*A Genésio e Osvaldo, em memória,
pedreiros dessas cacimbas e pastores da terra.*

> *O homem de lata*
> *sofre de cactos*
> *no quarto*

Manoel de Barros

> *em meu coração tem um pássaro*
> *que quer sair*

Charles Bukowski

> *era um domingo de lua*
> *quando deixei Jatobá*

Geraldo Azevedo e Carlos Fernando

eu demorei para a poesia
aí a poesia não me demorou mais

Espero que o cacto flutue entre os móveis de sua casa, abastecendo de luz verde a sonoridade de teus passos.

A vontade da carne

a luz da tarde
clara, angular e vazia
esconde pela metade
a idade
da estragada carne macia

depois que vai o sol veloz
assediar salgados mares
chega-me outra luz
lunar
amaldiçoar as sujas vontades.

Capela

entrem em minha casa
atravessem a linha da porta
na mesa estão os pães, uvas e cascas,
desmembradas,
são as sobras
do antigo testemunho
da menina morta.

Câmara de pó

câmara de ar e sangue
centelhas prisioneiras
guardada por um negro dândi
a sonhar asperezas

câmara de pó e dúvidas
casa de assombros
cadeados fazem-lhe dutos
por onde bichos noturnos

multiplicam-se

câmara de saúde e doenças
estaleiro de fé
onde se exprimem vozes roucas
a professarem o santo da sé

câmara das virtudes e dos desejos
casa de trôpegos bêbados
é em si clarões e lampejos
de monges meeiros

penitenciando-se

câmara sazonal do medo
geografia dos delírios
onde se constroem olarias
vagões carbonizados para precipícios.

O Feto

tamanho de um grão miúdo
torcido
por dentro
por fora
podado
deixou de ser tão minúsculo
depois de imenso e dolorido parto

saudado por bisturis, tesouras, berros e braços,
seu cordão-magma arrancado,
nascia para o mundo siderúrgico

de peões, médicos e patrões
cujo modo de produção cirúrgico
opunha quinhão a multidões.

Tenra fruta da calma

no pé de seriguela maduro
— sempiterno — eu subo

descalço, atônito e apalpando seus veios

a folha de seriguela pura
— magricela — eu como

verdes e ásperas são suas veias

a seriguela
— urdida —
lambuzo

laranja, vermelha e suculenta era a tenra idade

o caroço da seriguela
— esfalfado —
chupo

amarela embotada é toda novidade.

Bukkake no engenho

dois mil anos de jorro
dois mil gemidos abafados
dólares coloridos doados
em espermas cintilantes
cinematografados

doces e amargos
são esses banhos de melaço
que viscosos buscam — em fúria titânica —
os estratos purpúreos
dos tecidos orgânicos

é lavanda aromática que se derrama
sobre bustos e nádegas
transitando por entre córregos macios
escorrida e saboreada.

Retrato aquarela

o retrato armado em cima da parede
expõe o lado mais afastado
de uma face esquecida

é o lado menos abastado
daquela barba castanha entumecida

o retrato armado em cima da parede
esconde a outra lateral mais arredia
de uma face neblinada

é já o lado mais frio daquela barba
adormecida

o retrato armado em cima da parede
tem cor que não é branca e nem preta
é violeta fundo, fosco e difratado
que entrelaçado
com o tom azul de cometa
não se confunde com mais nada
tão somente o fragor vermelho expatriado da escopeta

o retrato armado em cima da parede
exala com vigor o cheiro de épocas passadas
posto que exegetas
abrindo a tinta nanquim das penas
e aspirando o vapor do carvalho
transcreveram o frescor de esfumaçadas almas.

Metrô

enquanto descia as escadas
do metrô de Berlim
iluminadas com neon amarelo de placas

ouvia barulho estranho
de pés arrastando
botas solas gastas

enquanto abriam as portas automáticas
e eu sentava em banco verde-claro
e eu encostava a cabeça na cabeceira que não encontrava

soava uma música, alguma folia

dizendo em japonês
tons cromáticos
cujos significados
                        inscritos nas ruínas
    do
ex muro
eu traduziria.

Ramas

atrás do galpão antigo
de cores velhas e escuras
eu me escondia com brinquedos
eu media nas formigas suas alturas
emudecia com tantos segredos
que para um menino de minha envergadura
não passava de sânscrito enredo
as abreviadas travessuras.

A germinação

há um incêndio em tua alma
derretendo toda essa escuridão:
o amor o apetite a aptidão

havia nessa terra roxa
— tua alma incendiada —
sementes magras de perdição

germinava nela algo como fogo
— espécie de caverna em combustão —
queimando o fígado o pâncreas
o pulmão

esse fogo alto e *querosenado* em vastidão
dissolvia sua caverna-alma
amor
amordaçada vegetação.

Tudo vê

eu vejo um olho a olhar
suspeitosamente
a geometria modular
do ovo da serpente

é como se esse olho a espreitar
entre unhas e dentes
se pusesse a me espiar
assombrosamente.

Manifesto infantil do uso ou o terreiro da roça

tomem essas palavras
essas letras

façam delas cacos
destroços de telhas

quando arremessadas
ruas inteiras

não façam falta
não sejam ausência

a uma casa coberta
sem porta ou porteira

por cósmicos vazios
explosões em rodopios
céu crestado de poeira.

Cerração

carnaúba frondosa
a cerração vai se aproximar
— cuidado, árvore da vida!
era o bafo tumular.

Felicidade

a felicidade trovejou na minha casa
fez um clarão e substituiu minhas lâmpadas
meu abajur
quebrou meus pratos
a felicidade sussurrou no meu ouvido
contou toda minha história
serviu-se na sobremesa
e falou de meus pecados
disse: cuidado!
ela varreu minha varanda
pôs a cerveja na geladeira
olhou através da janela
subiu o parapeito e com todo direito
fez o que tinha de ser feito
minha felicidade criminosa matou-me aos poucos
foi vítima de inquérito
largada no pátio do presídio
minha felicidade hoje toma banho de sol
não gosta de juiz e escrivão
confessou seu crime
redigindo parágrafos de amor, liberdade e reclusão.

Rosa

a terra tragou o último homem
levou de manso
velho pedaço de mim

o riacho secou para sempre
deixou sem eco
o som do bem-te-vi

mãos que o seguravam
de repente
deixaram partir

foi levado pela terra
pelo riacho de pedras
ao entardecer, o devir.

Se calhar

vai embora, ano
traz os meus
leva os prantos

não te esqueces
das mágoas mais arredias
das dores poliglotas
traduzidas em fantasias

que não sossegam os sonos
nem os dias
vai embora
logo e pra sempre
carrega somente as memórias pouco sadias

e me traz de volta
os danos ainda em vias

e seremos sempre nós dois
ano amado
ano percorrido
recolhendo as frutas do outono
estancando a sangria
das aves, dos galos
do desperdício.

O signo da mácula

O tempo me disse coisas em que não acreditei, desejei não ser verdade, porque com aquela idade, época que acolhi entre laços moços e moças, frutos da bondade, era a inocência meu acalanto, trilha por onde andei, e foi dela que sempre fiz pranto, choro mudo, ondas transversas em que naveguei. Crivando esse passado, de nódoas avinhadas, lembrando das indecências que maculavam meu eu jovem e inocente, do meu sexo aninhado em dedos finos, do primeiro prazer indescritível e da gota brilhante e reluzente nascida do meu jardim, não havia mais quebranto na minha infância enfeitiçada, tão só relâmpagos sobre a memória embriagada.

Desvestir-se

um poema desabotoa a camisa
botão a botão

outro rasga as calças

deixam-me nu, deixam-me mundo

vi letras e rimas sacudindo
meias e sapatos

frases inteiras desatam o nó
dos cadarços amarrados

o calção, toga de meu membro,
vilipendiado

surdo e nu
suspenso como trema
saboreio as troças rítmicas
desgrudando da língua
vapores reticentes

saltam por cima do peito
as interrogações a meu respeito

minha virilha desacostumada a vento
foi toda arrepio
quando recém soneto
(ex)clamou sedento.

Voo

céu escuro abraça a máquina de aço
pessoas gentis e medonhas presas no ar
migalhas celestes suspensas no espaço
vendo de perto a cadeia metafísica desintegrar

entidades olímpicas acenam do panteão
fazem do céu soturno teatro de espetáculos
e à guisa de celebrar no vasto vão
transformam-nos em feiticeiros e oráculos.

Farás sempre quando certeza não tiveres

Poema dedicado a Sidney Wanderley

embaixo do alto da injúria
sobre a cruz dos pecados

decrépitos moribundos

uivam meu nome
erguem tochas oleosas
rasgam tratados hidrométricos
apontam na minha direção o dedo em rije

eu quase sentado
eu quase condenado

usando linho como veste para fiar minha sorte

peço que suspirem aliviados
estou quase encorajado
a subir o monte da morte.

A barra do dia

exausto, encostado ao velho pereiro
miro a terra firme e vermelha
vaqueiros galopam
rodopiando cascos e novilhas

graçam nas esporas
sonham cabras, biritas e novelas
acordando somente na primavera
para ferrar as reses novas.

Mantra que planto em casa

não é poesia
talvez regalo, talvez Andrômeda
sinal de que o'*quissibusca*

já está aqui, ali, quase, quando

isto será:
terço para te benzer
folha pra ires riscar
passo para dar

bem grande, longe, quase, quando

porque quando deres
esse passo torto
essa légua distante
e lembrar das agruras
das duras penas

tu vais rir brando, quântico, quase, quando

sem deixar de
como santa
senhora de oferendas
orar por nosso rebanho

perto, pequeno, pronto, etéreo.

Passagem

vai longe o carriçal
trilhado de madeira emborcada
dobra o tempo e memória
como se dobra a ponta da navalha

escorre por ele
bordado o fundo cor de talha
gotas plácidas de chuva
ornando de escuro tábuas claras

que de ponto em ponto
contornam no chão
o apagão do posto
oposto
posta alma.

O balanço da árvore

pássaros voando
são as letras da palavra liberdade
embaralhando-se.

Vaqueiro olha o rio

o crepúsculo
recebe noite incerta
encerra dia vasto
devolve ao vaqueiro
o ar atado.

Efeito

não aproxime-se
você é pílula tardia
eu a doença
lírico poeta
sem cura concreta.

O verbo na sombra

na casa velha isolada
a lamparina da noite
testemunha da oralidade
é a luz das recordações
o monumento da saudade.

A batalha, a pedra, a mágoa

as formigas escalam montanhas em pedrinhas
marcham como soldados a caminho da guerra
pisando com suas botas serenas a umidade da terra
ao cruzarem com flores
tulipas, rosas e hortênsias
confusas em razão de cheiros e cores
lembram de casa
dos afetos
dos amores
lembrança de guerra
ardorosa guerra de tambores
batidos como se batem as roupas em pedras
encharcadas de água morna
como as lágrimas, sempre quentes
esfriando pouco no transcurso da noite.

Inserto

estou dentro
aqui a única luz é o pequeno lapso da memória
a última brecha de consolo
por onde passaram a minha vida
meus anos
minhas chagas

já não vejo aqui de dentro
tudo que há lá fora
e se vejo
assim meio sobejo
entorto o nariz, abro muito a boca
resmungo quase ditos
convoco todos os espíritos

ordens de sargento
passageiro da plataforma da luz
agulha negra, primeira turma
assevero a todos: sentido!

aqui embaixo, bem mais embaixo,
sou pouco feliz, sou pouco triste
pouco corajoso
muito renitente

não tenho saudades

a saudade é como algas lamacentas do mar
depois de vencidas haverá azul e infinito
eu pequenino inseto na roça
diminuindo o infinito
pintando de azul
as barbatanas dos tubarões.

Poeta

um dia serei poeta
falarei de arquipélagos desconhecidos
de cercas enfileiradas
da aproximação da chuva
do enigma dos pesadelos
da propriedade da terra
seu subsolo e geologia
indagarei juremas e cascudos
exigirei resposta de seus formatos
vou traduzir o som do fogo
queimado no dia de São Pedro
vou falar das crianças nessas fogueiras
das suas mutretas
de seus brados
quando falar de sons
não esquecerei da cor, filha ilegítima do nada
cores de carros no trânsito
de casas feitas de barro
da arte vernacular
tijolos grelhados
lembrarei das disposições dos objetos
da matéria cambiante do concreto
farei contudo o inventário dos cheiros
não calarei a respeito do carnaval das dores
o livro dos agouros, os surdos, os motores
e quando me debruçar em análises da velhice
recordarei os sábios populares
os ditos malditos

que pregavam linhas em bocas de sapos
farei tudo isso
escreverei no meu prontuário
tudo que fiz
tudo que não quis ter feito.

A trave

a trave
postava-se reta
redonda
fazia gol
tirava gol
gemia u
gritava a

a trave correta
era a regra
não ouvia apito
surda de ouvido

gostava de beijar goleiros
afagar atacantes
assobiava para o bandeirinha
impedia planos mirabolantes

com ela não tinha essa
era o jogo acabar
a torcida sair
e ela/ a trave/ se desarmar

de madrugada
quando não tinha jogo nem gente
se danava a beijar a grama
contava histórias aos refletores
e remendava as redes machucadas

era amiga essa trave
em pé disposta atenta
via tantas caras contorcidas
tantas lágrimas derramadas

dentes esbugalhados
braços levantados
olhos separados

que mal fazia estar ali
Essa trave apesar de dura vadia
Essa trave apesar de reta íngreme?

Poema des-concreto

o poema é recado de protesto para a verdade
protesto armênio
protesto derivado
transmitido como telefone sem fio
dizendo: olha, você não é lá essas coisas
se assunte
se aprume
se acabe
o inacabado

o poema suspende a verdade lhe retira
            [a outorga lhe *des-emancipa*
alucina seus sentidos e delira a ênfase referida
faz doer a certeza da verdade porque
na verdade
dor é coisa boa
com ela a gente
se apruma
se assunta
se acaba em partes

a verdade paralelepípedo
o poema *des-integridade*.

Lá fora o sol

a cortina apartava pedaços de luz caídos sobre mim
impedia que o corpo amorenasse
escondia as vergonhas nas quais me constituí

eu abria a cortina às vezes

para ver o pó soltar do armário
para ver flores estranhas no quintal ao lado
pensava abraçar o chão que via a metros

rapidamente fechava a cortina
ouvindo o trilho em cima que me confortava

bom aquele barulho de cortina fechando

o coração trepidante descansava
a vida voltava a ser nossa
somente eu e a cortina
essa amiga minha.

Braçadas

estabeleço o quanto me falta
serão quinze braçadas

peito aberto face inclinada
pedalo dentro do mar
as pernas já afogadas
meu tronco semi vivo

mas ainda tenho quinze braçadas

corrijo o medo, restabeleço:
"estou quase lá"

não avisto gente,
secaram os animais

restabeleço:
"estou quase lá"

sinto as dores nos braços
dedos antes acrobáticos
atrofiados
sonho se asas me salvariam agora

amoleço:
"será que dá?"

esta é a última braçada
terei que arriscar
arrisco
faço movimento novo, estico muito a mão
que desliza veloz sob a água

com água no peito, reconheço:
"o que era eu fora do mar?"

Ferrolho

quando pequeno
falavam ferrolho
servia para abrir e fechar

sem ferrolho a vida era risco
era traço
botão cujos fios são frouxos
prestes a desabar

então cresci achando: tudo é ferrolho
tudo deve ser guardado
a porta sempre aferrolhada
exibia coleções de cadeados

o ferrolho era o limite
o método hipotético educativo
e quando me davam a serra para serrar a coisa aferrolhada
— minhas rebeliões e vontades trancafiadas —
era a coragem que serrava
não eu transferindo a ela a função de serrar
mas eu cortando nela sua natureza
serrando a mim mesmo
preso nos ferrolhos.

Assenhorear-se

escrever para assenhorear
domar tipo de fogo linha
bagunçar as ramas sitiadas no espaço chão
e guardar bússolas nos bolsos presas por nós de cipó

onde estão minhas bússolas?
onde estão os instrumentos de aferição?

meço cada verso em centímetros
altero seus aspectos em centígrados
alguns a folha não guarda por ser pequena a extensão de
seus braços
outros dão em exato

mas e suas direções?
onde estão as bússolas e como aferir sua temperatura?
poesia tem calor ou frio?
febre ou palidez?

onde estão os relógios que mediam o tempo, meu tempo,
do destempero
da bravura
do silêncio
do desapego?

eram eles que mediam
em segundos os amores
em minutos a paciência
em horas a ancestralidade

onde eu estava quando decidiram queimar as pilhas
profanar os lares
e catequizar índios selvagens?

onde eu estava quando uma menina bonita
cercada por ávidos olhares
morria um pouco de sua vida
ladeada por virilidade?

eu perdi o sono
mastiguei dúzias de seixos
sabia que algo em mim
já não era mais

onde estão agora os relógios da cidade?
estarão eles como as bússolas
guardadas em bolsos
contando o tempo em fundos de saudade?

onde está a gente, o povo e o milagre?
andei entre bares, não os encontrei
andei em pomares, nem sequer as frutas
gritei nos teatros, apenas o figurino

passei nas farmácias e estavam todos lá:

medindo suas temperaturas, calculando o peso das balanças, recitando versos medicinais
falavam de febre, palidez, bronquite e psicologia

eu perdi o sono
eu olhava o relógio
e via
eu via as pilhas do relógio queimarem
os índios selvagens partirem
a lucidez do tempo cegar
era isso que eu via
quando propuseram a soberania
de meu corpo senhor

latifúndio
sesmaria
área imensa
capinada todos os dias.

O significado da lira

o governador da província
reino da melancolia
guardada por nobres magistrados
decretou que lira
não é ritmo
nem é rima
nem som abstrato
lira é pois outra coisa
menos bonita
mais perigosa

é índice de inseto
taxa elevada de contaminação.

Gravador

o gravador coleta
ruídos da rua
dos jardins abandonados

o som de flores
abrindo-se para o sol e para a chuva

o gravador capta a chuva que bate na terra
dos jardins
adubados
depois de amortecida em nacos de flores

ele grava o barulho da velha que rega plantas,
assiste tevê, arrasta as cadeiras e abre a tampa do forno

o gravador coleta depoimentos
sobre impostos sonegados
rubricas falsificadas
garranchos empapelados

o gravador anda por ruas sozinho
arquivando máquinas, selos e chaves
observando as expressões dos postes
imóveis e desalinhados

o gravador nasce codificado
coletava além de sons
de ruas, casas, jardins, fornos e panelas
segredos idiossincráticos
resvalados em postes, pontes e barcos.

O mar

mar
oposto da terra
terra salobra
água seca

mar
jogral das palavras
praça das medusas
cesto de perfumes

mar
tem fome de areia
embora de manhã fastio
à noite ela inteira

mar
sobe
desce
cruza
envelhece

o mar afoga e desaparece

mar azul de longe
verde de perto
preto embaixo

mar de peixes
mar savanas
mar petróleo
mar plataforma.

Pedreira

o coração é uma pedreira

dia a dia fabrica pedras
monolíticas e granitadas

emprega homens
fortes e alcoólatras
assalariados
com direito a férias

não tem dono esse coração
tal como arte
volição

em dezembro cansou-se de pedras
duras de polir
de décimos terceiros
processos trabalhistas

pôs-se à venda, entregou-se por inteiro
decidiu construir casas
rebocar muros
desabar torres
calçadas.

o coração passou a viver de encomendas
turnos esporádicos
espasmos e sobressaltos.

Carteiro

carteiro poeta
porta palavras
boca de latim americana

leva-as em bolsa de couro
pesada de tantas frases duras

vírgulas amassadas por maços de
selos

carteiro poeta
navega calçadas e profana a santidade da igreja

cansado
descansa nas esquinas, nos bares e
na grama sintética dos bairros altos

carteiro poeta
membro fundador do turfe aos domingos

espera o fim do expediente
voltando a ser poeta
por roubar as palavras
de cartas perdidas

umedecidas do vinho
parreira californiana.

A espera

a espera
forma linear por onde trafega
aluviões
montes
pedaços de tarde
as resinas do asfalto quente

têm-se a espera como instrumento
da descoberta
peripécia
do novo mundo
da expansão paralela.

Patrimônio

terra
tornou
-se
terreiro

mer
  gu
    lho
turvo
      na tradição
         do costume

musgo   em parede de tempo
 canto a canto do cimento
erguido
tombado

canta mil vidas
     em voga
   no passado
     tornado terra
chão batizado
 pequenas células
 hoje árvores enfeitadas
catalogam bicicletas bastões chicotes
        sambadas
exaltam fulgores em letras
advertência
do
        esquecimento
museológico

silêncio.

Poema do nome

as coisas não têm nome
indefinidas por cálculos
sem precisão

contas de máquina quebrada
contas que não têm soma
não têm diminuição

que se soltam e correm
dando volta no ar

minha xícara amarela tem
uma orelha amarela
e um café preto
negrume
dentro
circulando sempre que levanto

essa xícara que é uma coisa
que tem nome
mas não tem
que eu digo amarela
mas não é
que só possui orelha
[porque

porque] onde ponho os dedos
a fim de levantar o café
dá na mesma

ou é o mesmo
quando pego qualquer orelha
de carne — não de porcelana —
para ouvir som
para sentir voz.

Jornal das Oito

eu assisto o noticiário
da tevê

compro a narrativa embalada em papel de presente grego
criada pouco antes do âncora ajustar sua gravata

quando o café estava quente
esfriando pouco a pouco
e o cigarro comprido
queimando e desaparecendo
sobre a mesa de reuniões

então ponho a narrativa
no bolso da camisa jeans *new start*
e a levo para passear
digo: ali é o jardim público e lá o banco vinte e quatro
horas, duas quadras para frente você chegará nas vielas
antigas do rei Polaroid

aponto pessoas ocupadas
encenando mil movimentos
elas passam distraídas
atormentadas
folheando canhotos e recibos
bancários

por um instante ameaço deixar
minha narrativa adotada

órfã de mim
talvez entregá-la na banca de jornais
com outras narrativas

quero quem sabe
descartá-la em qualquer caixa
enferrujada
com nome *correio*

então digo a ela alguma bobagem
you are so silly so cute my little dream

sempre estará comigo
deitada e rolando no nosso tapete

eu a recitando
ela me absorvendo
os dois juntos até amanhã.

A Vociferação do Canário

parte primeira

contorno de barriga
borda de brasão
voz rouca
diapasão

parte segunda

andou procurando anéis enterrados
lá em cima
os pássaros amigos conversam
em demasia

parte terceira

cantou, cantou
cantou, cantou
parou ao errar a nota esquecível

parte quarta

já estava no chão
era de se aproveitar
estudou a mecânica das torneiras
a decomposição do milho
esfarelado saltando de boca de cavalo

parte quinta

tratado antropomórfico do terreno
telha rubi quebrada por lançamento
colchão sem molas e odores
manchas de natureza deformada
cavalo mequetrefe
vértebra, calda e despenteado

parte sexta

a permanência do tratado

andaram paixões nessas bandas
trapos de saia, short, sutiã
látex miraculoso

parte sétima

que vontade de cantar o canário ressentia
"meu bico hoje acordou torto"

parte oitava

os amigos canários
um da ilha da madeira e outro da ilha canária
me chamam
dobrada está a tenda de nosso circo
onde ganhamos o pão e a pipoca
romã no cardápio da noite

parte nona

observação póstuma antes de abrir asas
e futricar a fina arcada

a água sai da torneira
encontra cheia de saudade a terra
água transbordada de dique egípcio
foi parar ermo
antes longe que presa.

Maragogi

jangadeiros

balançam com o vento

inventam a brisa

engolem o medo da vida
com a boca salgada das jangadas

abanando água e segredos
as barcas lavam seus cascos de madeira grisalha

noitinha

jangadeiros dormem

jangadas comem

e o mar fala alto
linguagem marítima

onde estão eles
meus desbravadores
meus amigos
meus tradutores?

Parapeito não recebe vento

parapeito não recebe vento
nem visita demorada.

Casa Grande

casa grande
demora a limpar
custa séculos.

EDITORAMOINHOS.COM.BR

Este livro foi composto Adobe Garamond Pro, enquanto Chat Baker fazia miséria tocando a bela canção *Lament*, em setembro de 2017, para a Editora Moinhos.